Abecé
Visual

El Abecé Visual de

MITOS Y LEYENDAS UNIVERSALES

Abecé
Visual

© de esta edición: 2013, Santillana USA Publishing Company, Inc.
2023 NW 84th Ave, Doral FL 33122

Publicado primero por Santillana Ediciones Generales, S. L.
C/Torrelaguna, 60 - 28043 Madrid

Coordinación editorial: Área de Proyectos Especiales.
Santillana Ediciones Generales, S. L.

REDACCIÓN Y EDICIÓN
Marisa do Brito Barrote

ILUSTRACIÓN
Leonardo Batic con la colaboración de Estela Karczmarczyk

DISEÑO DE CUBIERTAS
Gabriela Martini y asociados

FOTOGRAFÍA
p. 13: © javarman / Shutterstock.com

El abecé visual de mitos y leyendas universales
ISBN: 978-84-9907-018-6

Printed in USA by Bellak Color, Corp.
16 15 14 13   1 2 3 4 5 6 7 8 9

Índice

¿**Cuáles** fueron los principales dioses egipcios?

Los egipcios adoraron a muchos dioses relacionados con los fenómenos naturales, como las crecidas del río Nilo, y también veneraron a los animales y a los muertos. Según la cosmogonía de Heliópolis, al principio solo existía el agua. Atum-Ra, el sol del atardecer, se creó a sí mismo, y de su saliva surgieron Shu, dios del aire, y Tefnut, diosa de la humedad, quienes, a su vez, engendraron a Geb, dios de la Tierra, y a Nut, diosa de los astros. Estos fueron los padres de Osiris, Isis, Seth y Neftis.

Isis: emprendió la búsqueda de los restos de su esposo Osiris y, ayudada por Anubis, lo volvió a la vida. De su unión nació Horus. Es la diosa de la fidelidad, la maternidad, el amor y la magia.

Seth: dios asociado a las fuerzas negativas: tormentas, sequías, maldad, tinieblas o violencia. Por envidia mató a su hermano Osiris y desperdigó sus restos por Egipto.

Ra: es el dios más importante, representación de la luz solar. Se creía que, cuando se ponía el sol, Ra moría, subía a una barca y durante la noche navegaba por debajo de la tierra para renacer al día siguiente.

Osiris: representa la fertilidad del río Nilo. Preside el reino de ultratumba y el juicio al que deben someterse todos los difuntos.

Horus: para vengar la muerte de su padre Osiris mató a su tío Seth. Es el dios del cielo y, adquiere la forma de un halcón.

Neftis

Representa el hogar, la oscuridad, la noche y la muerte. Hermana de Isis y esposa de Seth, como no pudo tener hijos con él mantuvo relaciones con Osiris y concibió a Anubis. Ayudó a Isis a volver a la vida a Osiris; por eso se la relaciona con los ritos funerarios. En la imagen, Isis y Neftis, representadas en el *Papiro del escriba Ani*.

Anubis: ayudó a su madre Neftis y a Isis a resucitar a Osiris. Es el dios de la medicina, encargado de velar los ataúdes y de guiar a las almas en el otro mundo, acompañándolas hasta la presencia de Osiris.

La vida después de la muerte y la momificación

Los antiguos egipcios creían que cada persona poseía un cuerpo y un espíritu o fuerza vital, que continuaba después de la muerte. Por eso, cuando una persona moría, su cuerpo se conservaba mediante la momificación. Solo los egipcios más ricos podían encargar sus momias, ya que este era un proceso muy costoso.

Primero, se purificaba el cuerpo del difunto con agua.

Los embalsamadores colocaban al difunto sobre una mesa con forma de león. Le extraían el cerebro y las vísceras, y lo desecaban con sal para evitar su descomposición.

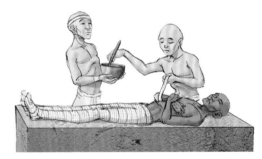

Posteriormente vendaban el cuerpo con lino y resina. Durante todo el proceso, un sacerdote vestido como Anubis conducía los ritos funerarios.

Finalmente se le colocaba a la momia una máscara y se la introducía en un sarcófago. Este se colocaba en una cámara, junto con ofrendas, alimentos y objetos que acompañarían al muerto al Más Allá.

¿**Quiénes** eran los dioses del **Olimpo** griego?

Los dioses griegos, adoptados luego por los romanos, eran seres inmortales capaces de tener sentimientos y de actuar como los humanos: podían amar, envidiar y hasta concebir hijos con hombres y mujeres mortales. De estas uniones nacieron los héroes de la mitología grecolatina. En el monte Olimpo vivían los hijos del dios Cronos y su esposa Rea: Hera, Zeus, Deméter y Hestia, acompañados por algunos dioses hijos de Zeus.

Afrodita: hija de Urano. Es la diosa del amor y la belleza. Su nombre significa «salida de la espuma», ya que su cuna fue el mar. Poseía un cinturón mágico con el que podía enamorar a mortales e inmortales. Su padre la casó con Hefesto, pero ella amó a otros dioses y héroes como Ares, Hermes o Adonis. Los romanos la llamaron Venus.

Hermes: hijo de Zeus y Maya, su nombre significa «mensajero de los dioses». Se le representa con alas en los pies y en el casco, que lo hacían más veloz. Acompaña a las almas de los muertos hasta el Hades. Los romanos lo llamaron Mercurio.

Ares: hijo de Zeus y Hera, es el dios de la guerra y del combate sangriento. Siempre se le representa armado con escudo, coraza y lanza. Aunque forma parte del Olimpo, no es aceptado por los otros dioses. En Roma se le conoce con el nombre de Marte.

Palas Atenea: Zeus se tragó a su madre Metis y, momentos después, Atenea nació de la cabeza de su padre, revestida de una brillante armadura. Diosa de la sabiduría y de la estrategia en la guerra. Los romanos adoptaron a esta diosa con el nombre de Minerva.

Apolo: hijo de Zeus y Leto, gemelo de Artemisa. Es el dios del Sol, las artes, la belleza, la poesía y la música. Después de Zeus, era el más adorado en Grecia. Es el Febo de la mitología romana.

Los dioses que no viven en el Olimpo

Poseidón. Dios del mar, de los terremotos y de los caballos. Es el Neptuno romano.

Hades. Gobierna el lugar donde residen los muertos. Es llamado Plutón por los romanos.

Hefesto. Es el dios del fuego y de las artes manuales. En Roma se le conoce con el nombre de Vulcano.

Zeus: dios del cielo, de la lluvia, del viento, de las tormentas y del rayo. Preside a los dioses en el monte Olimpo. Se le atribuyen numerosas aventuras amorosas, fruto de las cuales tuvo varios hijos: Atenea, Apolo, Artemisa, Hermes, Perséfone, Perseo, Heracles, Helena y Minos, entre otros. Su pájaro sagrado era el águila dorada, símbolo de fuerza, coraje y justicia. En la mitología romana recibe el nombre de Júpiter.

Artemisa: hermana de Apolo. Diosa virgen de los nacimientos, de la fecundidad masculina y de la Luna. Es la diosa de la caza y se la representa con arco y flecha. Es la Diana de la mitología romana.

Hera: esposa y hermana de Zeus. Adorada principalmente como diosa del matrimonio y del nacimiento. Los romanos la llamaron Juno.

Deméter: es la diosa de la tierra cultivada y de los cereales, protectora de la maternidad. Es la madre de Perséfone quien, un día, mientras cortaba flores, fue raptada por Hades. Deméter peregrinó en su busca hasta encontrarla. Se la representa coronada con espigas. En la mitología romana recibe el nombre de Ceres.

Hestia: es la primera hija de Cronos y Rea. Diosa del hogar, se mantiene en el Olimpo y se la representa con el fuego del hogar en la mano. Llamada Vesta por los romanos.

¿**Cómo** eran las esfinges en las distintas mitologías?

Las esfinges eran animales fabulosos con cuerpo de león, alas y rostro humano. En el antiguo Egipto eran seres masculinos y se representaban con la cara de los faraones para ahuyentar el mal de las tumbas reales. Los asirios decoraban sus templos con ellas para protegerse. Y en la mitología griega había una esfinge con rostro de mujer que acechaba a Tebas, destruía las siembras y mataba a todo aquel que no resolviera sus acertijos. Edipo la venció descifrando uno de ellos.

La ciudad de Tebas vivía atemorizada por un monstruo enviado por Hera: la esfinge. Tenía cuerpo de león, con rostro y busto de mujer y alas similares a las de un águila.

La esfinge devoraba a las personas que pretendían entrar en la ciudad. Solo podían salvarse aquellos que resolvieran los difíciles acertijos que les planteaba.

La esfinge de Gizeh

Originariamente, la esfinge era el dios egipcio de la sabiduría. Tenía la forma de un león descansando y su cabeza masculina se adornaba con la típica toca egipcia: el *nemes*. Luego se identificó con el poder y la autoridad del faraón. La esfinge de Gizeh es la más grande que se ha encontrado: mide 60 m (196 ft) de alto y 20 m (65 ft) de largo. Se cree que su cabeza tallada en la roca reproduce el rostro del faraón Kefrén, quien reinó 2500 años a. C. Está situada a 8 km (5 mi) de El Cairo, en Egipto, frente a las famosas pirámides de Keops, Kefrén y Micerinos.

Las esfinges en Asiria

En Babilonia, las esfinges tenían la forma de toros alados o *lamasu*. Eran gigantescos toros de pie con cara de hombre, corona y barba rizada, que custodiaban las puertas de los templos. Simbolizaban el poder y la fuerza. En la imagen, toro alado del siglo VIII a. C., que adornaba las puertas de la fortaleza de Sargón, hoy Korsabad, y que se conserva en el Museo del Louvre, París (Francia).

El enigma que planteaba con más frecuencia la esfinge era: «¿Qué ser es el que anda de mañana a cuatro pies, al mediodía con dos y por la noche con tres?».

Un día llegó Edipo a las puertas de la ciudad. Al oírlo, resolvió el enigma de la esfinge, al responder: «Es el hombre, que en su niñez camina a cuatro patas, en la edad adulta se mantiene erguido y en la ancianidad se ayuda con un bastón».

Tras escuchar la respuesta de Edipo, la esfinge vencida se lanzó al vacío desde lo alto de una roca. Para agradecerle la hazaña realizada, los ciudadanos de Tebas convirtieron a Edipo en rey y le pidieron que se casara con la reina Yocasta, su verdadera madre (aunque él no lo sabía).

¿Qué eran los grifos?

Al igual que los toros alados, los grifos tienen su origen en Oriente. Tenían cabeza, alas y garras de águila, y cuerpo, orejas y cola de león. Eran los encargados de custodiar el oro de las montañas del norte de la India. En la mitología griega, Apolo cabalgaba sobre la espalda de uno de ellos. Y, en los comienzos del cristianismo, fue asociado con las fuerzas benéficas, ya que representaba la dualidad celestial y terrenal de Jesucristo. Por eso adornó los escudos medievales como símbolo de la fuerza, de la vigilancia y del poder de esta religión.

¿**Qué** cuenta el mito de la gorgona Medusa?

Las tres gorgonas eran hermanas y vivían en la orilla del océano, en los confines de la noche. Medusa era la única mortal y poseía una hermosa cabellera. Era la más bella de las tres hermanas, pero cuando se unió a Poseidón en el templo de Atenea, esta diosa se enfadó y la convirtió en un monstruo con la cabellera formada por serpientes.

Atenea convirtió el cabello de Medusa en serpientes, cubrió su cuerpo de escamas y le puso manos de bronce y alas de oro. También le agrandó los dientes convirtiéndolos en colmillos.

Perseo, hijo de Zeus y de Dánae, organizó una expedición para matar a Medusa.

Atenea le regaló a Perseo un escudo que reflejaba las imágenes, para que pudiera ver a Medusa sin convertirse en piedra. Así consiguió cortarle la cabeza sin mirarla.

Perseo recibió del dios Hermes una hoz muy afilada para poder cortarle la cabeza a Medusa.

Las náyades de la laguna Estigia le prestaron al héroe otros atributos mágicos: unas sandalias con alas para poder volar, un zurrón para guardar la cabeza de Medusa y el casco del dios Hades, que hacía invisible a quien lo llevara puesto.

La Medusa y el arte

El mito de Medusa ha sido de gran inspiración para los artistas de todos los tiempos. Por ejemplo, el óleo *Medusa* (1598), de Caravaggio, que se exhibe en la Galería de los Uffizi en Florencia, Italia, o la escultura de Perseo con la cabeza de Medusa (1800), de Feodosy Fedorovich Shchedrin que está en la Cascada Grande del Palacio de Peterhof, San Petersburgo, Rusia.

Pegaso y el rescate de Andrómeda

Al cortar la cabeza de la gorgona, de su cuello nacieron dos criaturas concebidas por Poseidón: Pegaso, el caballo alado, y el gigante Crisaor. Montado sobre Pegaso, Perseo rescató a Andrómeda, que estaba prisionera de un monstruo marino, tras aterrorizarlo con la cabeza de Medusa.

La diosa Atenea embrujó a Medusa: todo aquel que la mirara directamente a los ojos se convertiría en piedra.

Perseo y Atlas

En su camino, Perseo se encontró con Atlas, el titán condenado por Zeus a cargar con el peso de la Tierra sobre sus hombros. Cuando lo vio, el titán le suplicó que lo librara de su carga. Perseo se apiadó y le mostró la cabeza de Medusa. En ese momento, Atlas quedó convertido en una montaña muy alta que lleva su nombre y que se encuentra en Marruecos, en el norte de África.

¿**Quién** fue Hércules, el matador de monstruos?

Hércules, o Heracles entre los griegos, fue el más grande de todos los héroes de la Antigüedad clásica. Hijo de Zeus y la mortal Alcmena, sufrió la ira de la celosa Hera, que lo condenó a servir a su primo, el rey Euristeo. Pero como este desconfiaba de la fuerza del héroe y temía que lo matara, lo envió a cumplir doce trabajos imposibles. Hércules salió triunfador de todas estas misiones. Así consiguió la inmortalidad y ocupó un lugar entre los olímpicos.

Capturó los bueyes de Gerión. El pastor Gerión era un monstruo de tres cuerpos unidos por la cintura. Lo acompañaba el perro Ortro, un animal de dos cabezas y cola de serpiente. Hércules mató a ambos y se llevó sus bueyes.

El can Cerbero
Era el perro que custodiaba la entrada al reino de los muertos: el Hades. Hijo de Equidna y Tifón, sus hermanos, el perro Ortro, la hidra de Lerna, el león de Nemea y la serpiente Ladón fueron víctimas de Hércules.

Tomó las manzanas de oro. En el jardín de las Hespérides había un árbol de manzanas de oro que Geales regaló a Zeus y a Hera por su boda. El árbol estaba custodiado por Ladón, una serpiente dragón. Para poder llevarse las manzanas, Hércules sostuvo el mundo mientras Atlas se las pedía a las Hespérides.

Obtuvo el cinturón de Hipólita. Euristeo le pidió a Hércules que le consiguiera el cinturón de Hipólita. En algunas fuentes, el héroe atrapa a la reina de las amazonas y le quita el cinturón, mientras que en otras la mata porque pensó que lo había traicionado.

Las columnas de Hércules
Para llegar hasta las tierras del pastor Gerión, Hércules separó las dos rocas del extremo occidental del mar Mediterráneo y abrió el camino hacia el océano Atlántico. En su honor se levantaron dos columnas a ambos lados del estrecho de Gibraltar a las que se llamó «columnas de Hércules».

Capturó a las yeguas de Diomedes. Las cuatro yeguas eran alimentadas por su dueño con los cuerpos de sus enemigos muertos. Hércules las atrapó, pero las dejó al cuidado de su amigo Abderos y estas lo devoraron. Furioso, les dio de comer al propio Diomedes.

Atrapó al toro de Creta. Este toro era el padre del Minotauro y asolaba la región de Creta. Euristeo ordenó a Hércules atraparlo para ofrecérselo en sacrificio a Hera; pero ella no lo aceptó y liberó al animal, que se quedó en la llanura de Maratón.

Dominó al can Cerbero. Hércules bajó al Hades en busca del can Cerbero, que se lo había mandado capturar Euristeo. El héroe fue a los Infiernos, dominó al can y liberó a Teseo.

Mató al león de Nemea. Como la piel del león era invulnerable, Hércules le dio un terrible golpe en la cabeza y lo estranguló. Luego lo desolló con sus propias garras y se vistió con su piel como trofeo. Zeus convirtió al león en una constelación para celebrar la hazaña del héroe.

Mató a la hidra de Lerna. Era un dragón de numerosas cabezas, una de ellas inmortal, y aliento venenoso. Aunque de cada cabeza que cortaba surgía una nueva, Hércules pudo dominarla ayudado por Yolao, que quemaba las heridas del monstruo a medida que el héroe cortaba las cabezas.

Capturó al jabalí de Erimanto. Este animal salvaje vivía en los bosques de Arcadia. Hércules lo atrapó con sus poderosas manos y lo llevó a la corte de Euristeo.

Atrapó a la cierva de Artemisa. Era un animal con cuernos de oro y pezuñas de bronce que le permitían correr sin cansarse. Nadie había podido alcanzarla jamás. Hércules la persiguió durante un año y finalmente la atrapó.

Mató a las aves del lago Estínfalo. Estas aves mataban a los caminantes y se comían sus cosechas. Hércules las hizo salir tocando unos címbalos de bronce que le regaló Atenea y las derribó a flechazos.

Limpió los establos del rey Augías. Estos establos nunca habían sido aseados y rebosaban de estiércol. Hércules los limpió en un solo día: desvió el curso de los ríos Alfeo y Peneo de sus cauces y los hizo pasar por los establos.

¿**Quién** fue Aquiles, el colérico?

Aquiles es uno de los héroes griegos más fuertes y valientes, hijo de la nereida Tetis y del mortal Peleo. Aunque su madre le advirtió de que iba a morir en la guerra, él se unió al ejército griego para luchar contra los troyanos. Aquiles encabezó la batalla durante diez años, hasta que su rey, Agamenón, raptó a la mujer a la que amaba el héroe, la esclava Briseida. Esto desató la cólera de Aquiles, que se negó a seguir peleando. Solo volvió a la batalla cuando Héctor, el príncipe de Troya, mató a su amigo Patroclo.

Aquiles retó a Héctor a combatir uno contra otro. Los dioses, entonces, se reunieron en asamblea. Zeus extendió una balanza de oro y puso en los platillos dos pesas: el platillo de Héctor descendió hacia el Hades.

Antes de matar a Héctor, Aquiles dijo que echaría su cadáver a los perros; pero el troyano, agonizante, le suplicó que se lo entregara a su familia para recibir honras fúnebres. Aquiles no le hizo caso y arrastró el cadáver por el campo de batalla durante varios días.

¿Dónde se cuentan las hazañas de Aquiles?

Las hazañas y proezas del valeroso Aquiles son narradas por el poeta griego Homero en la *Ilíada*, su maravillosa epopeya sobre la guerra de Troya. Sin embargo, Homero no relata la muerte de Aquiles ni el final de la guerra. Esto se puede leer en episodios de la *Odisea*, escrita también por Homero; en la *Eneida,* de Virgilio, y en otros relatos antiguos, como la *Etiopide*, de Aretino de Mileto.

En el combate, Héctor comprendió que Apolo, su protector, lo había dejado solo. Aquiles, ayudado por Atenea, consiguió atravesarle la garganta con su lanza.

Para recuperar el cadáver de su hijo Héctor, el rey troyano Príamo pidió la ayuda de Hermes para llegar hasta el campamento griego. Allí se entrevistó con Aquiles y le suplicó que se lo devolviera. Finalmente el héroe accedió, a cambio de una recompensa, y Héctor recibió su funeral.

La juventud de Aquiles

Durante su infancia, Aquiles fue criado por el centauro Quirón, quien lo alimentó con osos, vísceras de león y jabalíes para que su valentía aumentara, y le enseñó el arte de la elocuencia, a tirar con el arco y a curar heridas. El profeta Calcante predijo que Aquiles tendría que escoger entre una vida larga y feliz, pero sin hechos importantes, y una vida corta y heroica cuyas hazañas serían recordadas durante siglos. Y el héroe eligió la segunda opción. En la imagen, el centauro Quirón.

El talón de Aquiles

Al nacer, su madre quiso otorgarle a Aquiles la inmortalidad, que estaba reservada a los dioses, y, para ello, lo sumergió en la laguna Estigia, sujetándolo por el talón derecho. Esta fue la única parte de su cuerpo que no se mojó, por lo que se convirtió en el punto vulnerable del héroe. Tras dar muerte a Héctor, Aquiles paseó el cadáver de su contrincante atado a su carro durante varios días. Esta actitud enfureció al dios Apolo, quien guió una de las flechas de Paris hacia el talón del héroe y, así, acabó con su vida. En la imagen, *Tetis bañando a Aquiles en la laguna Estigia,* óleo de Pieter Paul Rubens, Museo del Prado, Madrid.

¿**Qué** sucedió con el
caballo de Troya?

Tras la muerte de Héctor a manos del héroe Aquiles, se precipitó el final de la guerra entre los troyanos y los griegos. Estos últimos se valieron de la astucia de Ulises para preparar una trampa que les permitiera entrar en la ciudad amurallada: construyeron una enorme estatua de madera con forma de caballo y se escondieron dentro de ella. Al llegar la noche, abrieron las puertas de la ciudadela desde dentro. Solo así pudieron invadir e incendiar la ciudad de Troya.

Los guerreros griegos se escondieron en el vientre del caballo. Entre ellos, el ingenioso Ulises; Menelao, el esposo legítimo de Helena, y Neoptólemo, hijo de Aquiles.

De ciudad del mito a ruina arqueológica

Los trabajos arqueológicos realizados por Heinrich Schliemann (1822-1890), deslumbrado desde su infancia por la historia de la *Ilíada*, revelaron la localización de la ciudad de Troya en la colina de Hissarlik, en la actual Turquía, donde se descubrieron importantes tesoros. Hasta entonces y durante miles de años, Troya y la *Ilíada* habían sido consideradas fruto de la imaginación de Homero. En la imagen, reconstrucción de la ciudad amurallada de Troya.

El juicio de Paris y la guerra de Troya

Las diosas Hera, Atenea y Afrodita discutían acerca de quién merecía conseguir la manzana de oro, destinada a la más bella. Para resolverlo, le pidieron a Paris, hijo de Príamo, el rey de Troya, que hiciera de juez. Cada una intentó sobornarlo: Hera le prometió los reinos de Europa y Asia; Atenea, que le ayudaría a lograr la victoria contra los griegos, y Afrodita, que le concedería a la mujer más hermosa del mundo: Helena. Paris le entregó la manzana de oro a Afrodita y más tarde, con su ayuda, raptó a Helena. Su elección desató la guerra de Troya.

En la imagen, *El juicio de Paris,* de Pieter Paul Rubens, pintado entre los años 1638 y 1639. Museo del Prado, Madrid, España.

Una mañana, los troyanos vieron
que en la playa ya no había
campamentos griegos. Solo
quedaba un enorme caballo de
madera, que creyeron que era
una ofrenda para la diosa Atenea.
Pero los griegos no se habían
marchado, sino que estaban
escondidos en las islas vecinas.

Hacía casi diez años
que los troyanos combatían
contra los griegos,
resistiendo a los ataques
tras las murallas infranqueables
de su ciudad. Medían entre
7 y 8 m (22 y 26 ft) de altura
y tenían un espesor de
4,50 m. (14 ft)

Para ganarse la ayuda de la diosa Atenea,
que había sido su enemiga durante la guerra,
los troyanos decidieron dejar entrar al caballo
en la ciudad, pese a las advertencias de los sabios.

Helena estaba casada con Menelao,
rey de Esparta y hermano de Agamenón,
soberano de Argos y Micenas. Paris,
uno de los hijos de Príamo, la raptó
y se la llevó a Troya; por esa razón,
los griegos le declararon la guerra a Troya.

¿**Cómo** fue el largo viaje de Ulises?

E l sitio de Troya terminó con la trampa ideada por Ulises: la invención del caballo de madera. Al ganar la guerra, todos los reyes griegos emprendieron la vuelta a sus tierras. Ulises, conocido también como Odiseo, era el rey de Ítaca, una ciudad cercana a Troya. Pero, aunque zarpó con una gran flota para volver a su ciudad y reencontrarse con su mujer y su hijo, los dioses le prepararon un largo y accidentado viaje de aventuras por el mar Mediterráneo que duró otros diez años.

4 El cíclope

El viento arremolinado los llevó hacia los lestrigones, gigantes antropófagos que les destruyeron once de los barcos. Solo quedó en pie la nave de Ulises.

6

7

La isla de Circe

Al pasar por la isla de las sirenas, Ulises hizo que sus hombres se taparan los oídos con cera y que a él lo ataran al mástil. Así pudo escuchar sus hermosas voces sin tirarse al agua.

9

Las sirenas

Para saber cómo volver a su patria, Ulises se dirigió al país de los cimerios para consultarle a Tiresias, el adivino ciego.

Ulises tenía que atravesar el estrecho de Mesina, custodiado por los monstruos Escila y Caribdis. La parte inferior del cuerpo de Escila estaba formada por seis fieras que se comían a los hombres cada vez que un barco pasaba por allí. Caribdis, en cambio, era un remolino capaz de tragar una embarcación entera. Ulises eligió pasar cerca de Escila y perder a sus hombres.

8

10

Escila y Caribdis

Éolo, dios del viento, le regaló un gran cuero con aires que impulsó a las naves hacia Ítaca. Pero sus hombres abrieron el saco y los desperdiciaron.

5

Los bueyes del Sol

11

12

Calipso

3

Una tormenta los lanzó a la tierra de los lotófagos. Algunos tripulantes se embriagaron probando los lotos y perdieron la memoria.

Su tripulación sacrificó los bueyes del Sol en la isla de Trinacia. Como castigo, fue arrastrada a las fauces de Caribdis, que se tragó la nave y a toda su gente.

Ulises y sus hombres llegaron a la cueva donde vivía un gigante de un solo ojo: el cíclope Polifemo, que los encerró y empezó a comérselos uno a uno. Para escapar, Ulises lo cegó mientras dormía. Furioso, el cíclope se apostó en la entrada de la cueva a tantear todo lo que se movía. Los viajeros escaparon atados al vientre de unos cabritos.

La nave de Ulises fondeó en la playa de Eea. Sus hombres hallaron un palacio rodeado de leones mansos como perros. Allí los recibió Circe, la hechicera, quien los embrujó y los convirtió en cerdos. Al cabo de un año, ella los dejó partir con buenos consejos para el viaje.

Una tempestad empujó las naves hasta Tracia, tierra de los cícones. Tras vencerlos, Ulises y sus hombres continuaron su viaje.

13

Después de ser liberado por Calipso, una nueva tempestad le condujo hasta Feacia, donde el rey lo ayudó a volver a Ítaca.

2

Troya

1

Ulises zarpó una mañana hacia Ítaca, con 12 naves y muchísimos hombres.

La esposa fiel

Penélope esperó a su esposo Ulises. Pero a medida que pasaban los años, los hombres de Ítaca la instaron a que se volviera a casar para poder ocupar el lugar del rey. Ante tanta insistencia, Penélope prometió elegir esposo cuando terminara de tejer un tapiz; pero no lo finalizaba nunca, porque tejía de día y destejía de noche.

14
Ítaca

Solo y aferrado a los restos del navío, Ulises llegó a la cueva de la ninfa Calipso, quien retuvo al héroe durante varios años para conseguir su amor.

Ulises volvió a Ítaca después de 20 años. Para recuperar el trono, tuvo que vencer a los pretendientes de su esposa Penélope.

¿**Qué** sucedió con el
Minotauro en el laberinto?

E l rey de Creta, Minos, hizo construir un laberinto para encerrar al Minotauro, el hijo monstruoso que tuvo su esposa Pasífae con un toro prodigioso. Sucedió entonces que el hijo del rey, Androgeo, triunfó en los juegos de Atenas, y los atenienses, celosos, lo mataron. En represalia, el rey solicitó que todos los años Atenas pagara con la vida de siete jóvenes y siete doncellas para alimentar al Minotauro. Esto solo se suspendería si alguno de ellos lograba escapar del laberinto.

Para librar a la ciudad, Teseo se hizo pasar por uno de los jóvenes entregados al sacrificio anual. La hija de Minos, Ariadna, se enamoró de él y le entregó un ovillo de hilo con el cual guiarse para salir del laberinto. Teseo mató al Minotauro.

Dédalo e Ícaro

Cuando Minos supo que Dédalo había ayudado a que Teseo venciera al Minotauro, lo encerró, junto con su hijo Ícaro, en una torre. Pero al inventor se le ocurrió que podían escapar ayudándose de unas alas construidas con plumas y cera. Antes de partir, le advirtió a su hijo que no volara demasiado alto porque el calor del Sol podía derretir la cera, ni demasiado bajo porque las alas podían mojarse con la espuma del mar. Pero el joven empezó a elevarse tanto que el calor ablandó la cera y las plumas comenzaron a despegarse, hasta que ya no pudieron sostenerlo e Ícaro cayó al mar.

Las víctimas atenienses vagaban por el laberinto hasta encontrarse con el Minotauro que las devoraba.

El Minotauro era un monstruo mitad toro mitad hombre que se alimentaba con carne humana.

Minos le ordenó a Dédalo construir un laberinto para encerrar al Minotauro, compuesto de pasillos y pasadizos tan complicados que fuera imposible encontrar la salida.

El Minotauro en el arte

Detalle de una copa de la Grecia antigua, fechada entre 425 y 410 a. C., que muestra la victoria de Teseo sobre el Minotauro en presencia de Atenea.

¿**Por qué** fundó Rómulo la ciudad de Roma?

Los gemelos Rómulo y Remo decidieron fundar una ciudad en el mismo lugar en que habían sido amamantados por una loba, tras devolverle el trono a su abuelo Numitor. Pero como ambos querían ser el rey, y no había manera de saber quién era el mayor, entre ellos surgió una discusión. Así fue que, para trazar la nueva ciudad, pactaron observar el cielo en busca de los augurios de los dioses. El vuelo de los pájaros indicó que Rómulo sería el rey, lo que agravó la pelea entre los dos hermanos que acabó con la muerte de Remo.

Los *augures,* sacerdotes de Roma que practicaban la adivinación, analizaban el vuelo y los graznidos de algunas aves y los interpretaban como señales que enviaban los dioses.

Para interpretar el mensaje de los dioses, Remo eligió la colina del Aventino, mientras que Rómulo se colocó en la del Palatino. La señal se le apareció primero a Remo, ya que por su lado vinieron volando seis buitres. Cuando iba a anunciar que había ganado, aparecieron doce buitres volando por el lado de Rómulo y sus partidarios lo consideraron ganador.

Los gemelos y la loba

Numitor era rey de Alba Longa, una ciudad del Lacio donde nació la civilización latina. Su hermano Amulio lo derrocó. A su única sobrina, Rea Silvia, la recluyó en el templo de la diosa Vesta (en la imagen de la izquierda). Las vestales debían mantenerse vírgenes, pero Rea Silvia se unió con el dios Marte y tuvo gemelos: Rómulo y Remo. Amulio puso a los bebés en una canasta en el río Tíber para que se ahogaran, pero una loba los recogió y amamantó como si fueran sus cachorros.

A la derecha, escultura medieval que representa a Rómulo y Remo bebiendo la leche de la loba. Museo Capitolino, Roma, Italia.

Como Remo había sido el primero en ver los pájaros, pero Rómulo había visto el doble, ambos se creyeron señalados por los dioses para ocupar el trono.

Creyéndose ganador, Rómulo realizó los ritos propios de la fundación de una ciudad: con un arado, hizo un surco que delimitaba el contorno y comenzó a levantar una muralla. Remo se burló de su hermano. Esta actitud enfureció a Rómulo, quien lo atacó con su espada y lo mató. Así, Rómulo se quedó con el trono, y la ciudad, fundada el 21 de abril del año 753 a. C., recibió el nombre de Roma.

La desaparición de Rómulo

Cierto día estaba Rómulo revisando las tropas en el monte Quirinal cuando, de repente, estalló una terrible tempestad con muchos rayos y truenos, y el rey desapareció. La leyenda cuenta que Marte le había suplicado a Júpiter que lo hiciera inmortal. Desde aquel entonces, Rómulo se asimiló al dios Quirino y fue considerado el protector de la ciudad de Roma.

El rapto de las sabinas

Rómulo fundó Roma sin habitantes. Para poblar su ciudad, llevó primero pastores y prófugos de la justicia y así reunió una multitud de hombres. Como aún faltaban las mujeres, a los habitantes de la ciudad se les ocurrió una estratagema: el rey convocó a los pueblos cercanos a celebrar una fiesta. Cuando todos estaban absortos con el espectáculo, Rómulo dio una señal y los romanos raptaron a las mujeres de los sabinos y se las llevaron a sus casas.

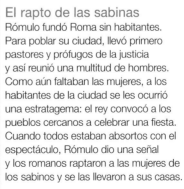

¿**Qué** sucedió en la Torre de Babel?

Según cuenta la Biblia, después del diluvio universal, los hijos de Noé y sus descendientes se propusieron construir una ciudad y una torre que llegaría al cielo como símbolo de un pueblo nuevo y poderoso. Al ver cómo los hombres intentaban lograr esta hazaña, Jehová decidió confundirlos cambiando las lenguas que hablaban para que ya no pudieran ponerse de acuerdo y se dispersaran por todos los confines de la tierra. Por eso, Babel significa «confusión».

En el libro del *Génesis*, capítulo 11, se cuenta que todos los hombres que comenzaron la construcción de la torre hablaban el mismo idioma. Sin embargo, Dios intervino cambiándoles las lenguas y no pudieron finalizarla. La confusión creada por el cambio de idiomas hizo que cada patriarca tomara a sus descendientes y marchara con ellos a ocupar otros territorios. Así se fundaron los diferentes pueblos de la Antigüedad.

Según el Antiguo Testamento, los hijos de Noé fueron tres: Sem, de quien descienden los semitas o el pueblo hebreo; Jafet, patriarca de los pueblos de Asia Menor y del Mediterráneo, y Cam, origen de los egipcios y los etíopes.

La Torre de Babel en el arte
La leyenda de la torre posibilitó la creación de grandes obras maestras, como la de Pieter Brueghel, el Viejo (h. 1525-1569), quien en 1563 realizó esta *Torre de Babel*, conservada en el Museo Boymans-van Beuningen, de Rotterdam, Países Bajos.

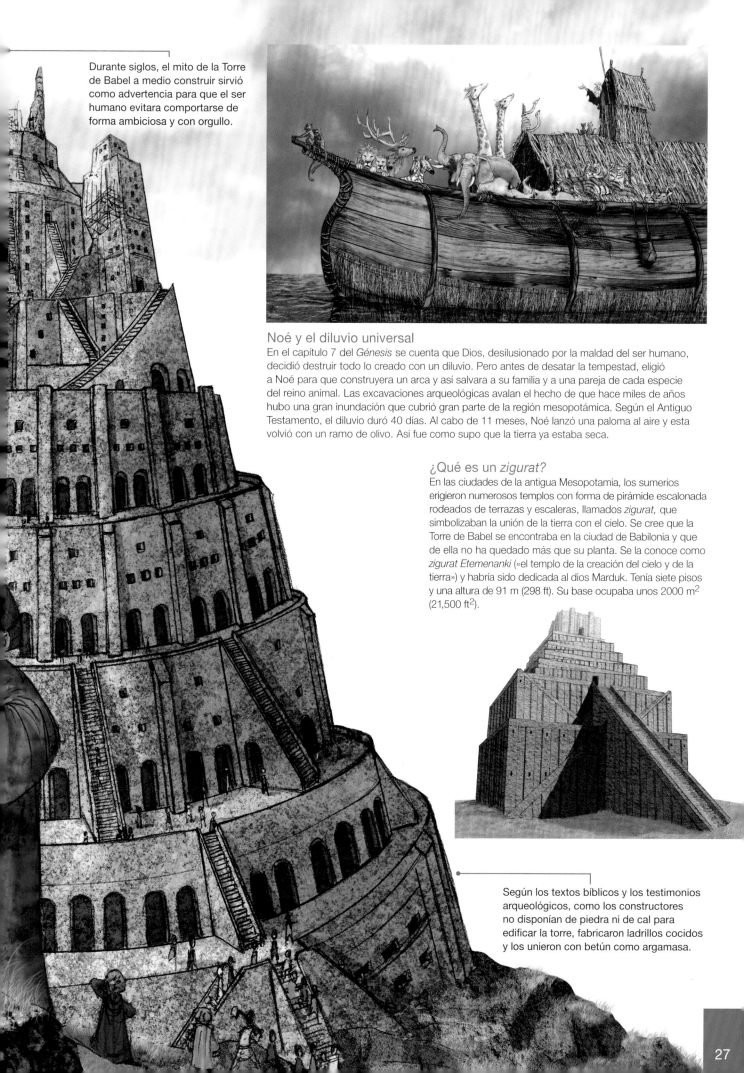

Durante siglos, el mito de la Torre de Babel a medio construir sirvió como advertencia para que el ser humano evitara comportarse de forma ambiciosa y con orgullo.

Noé y el diluvio universal

En el capítulo 7 del *Génesis* se cuenta que Dios, desilusionado por la maldad del ser humano, decidió destruir todo lo creado con un diluvio. Pero antes de desatar la tempestad, eligió a Noé para que construyera un arca y así salvara a su familia y a una pareja de cada especie del reino animal. Las excavaciones arqueológicas avalan el hecho de que hace miles de años hubo una gran inundación que cubrió gran parte de la región mesopotámica. Según el Antiguo Testamento, el diluvio duró 40 días. Al cabo de 11 meses, Noé lanzó una paloma al aire y esta volvió con un ramo de olivo. Así fue como supo que la tierra ya estaba seca.

¿Qué es un *zigurat*?

En las ciudades de la antigua Mesopotamia, los sumerios erigieron numerosos templos con forma de pirámide escalonada rodeados de terrazas y escaleras, llamados *zigurat,* que simbolizaban la unión de la tierra con el cielo. Se cree que la Torre de Babel se encontraba en la ciudad de Babilonia y que de ella no ha quedado más que su planta. Se la conoce como *zigurat Etemenanki* («el templo de la creación del cielo y de la tierra») y habría sido dedicada al dios Marduk. Tenía siete pisos y una altura de 91 m (298 ft). Su base ocupaba unos 2000 m^2 (21,500 ft^2).

Según los textos bíblicos y los testimonios arqueológicos, como los constructores no disponían de piedra ni de cal para edificar la torre, fabricaron ladrillos cocidos y los unieron con betún como argamasa.

¿**Cómo** concebían su mundo los vikingos?

Para los antiguos nórdicos o vikingos, el mundo en el que vivían los hombres era solamente una parte del gran árbol del mundo o *Yggdrasill:* el fresno del cosmos. Sus raíces y ramas mantenían unidos los mundos de las diferentes criaturas: el de los dioses era *Asgardr* y se situaba en la copa; el de los seres humanos era *Midgardr* y se hallaba a la altura del tronco, y en las raíces se encontraba *Helheimr* o el reino oscuro de los muertos.

Alfheimr: el reino de los elfos de la luz. Los elfos eran seres buenos que representaban los poderes de la fertilidad.

Jotunheimr: el reino de los gigantes. Enemigos de los dioses y los hombres, representaban el caos y las fuerzas de la naturaleza.

Midgardr: el reino de los seres humanos. Lo construyeron Odín y sus hermanos con las cejas del gigante Ymir.

Niflheimr: el reino de los hielos eternos y las tinieblas. De una fuente situada en su interior surgen los 11 ríos primordiales. En ocasiones se lo identifica con el Infierno.

Jormungandr era la serpiente marina que rodeaba el reino de los seres humanos.

Ymir, el gigante primordial
Para los nórdicos, el primer ser viviente fue un gigante monumental llamado Ymir. Mientras dormía, de su axila nació una pareja de gigantes que fundaron la raza de los gigantes de escarcha, dedicados a luchar constantemente contra los dioses. Ymir fue asesinado por Odín y sus hermanos Vili y Ve. Con su cuerpo, los dioses construyeron el mundo conocido.

Helheimr: el reino de los muertos. Estaba en perpetua oscuridad. El gigantesco perro Garm custodiaba su entrada para que los muertos no pudieran salir.

En la copa del árbol vivía un águila;
por el tronco corría la ardilla Ratatoskr,
mensajera entre el águila y el dragón
que habitaba en las raíces. Cuatro ciervos
comían de sus ramas y el rocío que caía
de sus cornamentas formaba los ríos del
mundo.

Vanaheimr: el reino de los Vanes. Era
la morada de los dioses de la fertilidad
y la naturaleza, aunque muchos de ellos
vivían en Asgardr. Allí residía el dios Freyr.

Asgardr: el reino de los Ases. Era un recinto
amurallado en el cual vivían los dioses.
Allí, cada dios tenía una gran mansión,
excepto Odín que tenía tres.

Midgardr y Asgardr estaban
unidos por el puente del arco
iris, llamado *Bifrost,* hecho de
fuego para que los gigantes
de escarcha no pudieran
atravesarlo.

Svartalfheimr: el reino de los enanos. Eran
todos de género masculino, vivían bajo la tierra
y se ocupaban de la minería y la metalurgia.

Muspellsheimr: el reino del
fuego primitivo. Allí se generó
la chispa que dio vida a la
primera criatura: el gigante Ymir.

¿**Cuáles** eran los principales dioses nórdicos?

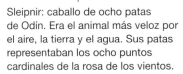

El panteón de los dioses nórdicos estaba dividido en grandes grupos enfrentados entre sí. Por un lado, se encontraban los Ases, dioses guerreros que vivían en Asgardr bajo el mando de Odín. Por el otro, los Vanes, dioses pacíficos que simbolizaban la tierra, la fertilidad y el mar, como Freya y Freyr. Los Ases y los Vanes, inicialmente enfrentados, lograron vivir en paz. Sin embargo, siempre lucharon contra los gigantes de escarcha, que representaban la brutalidad y el caos.

Thor: dios de las fuerzas de la naturaleza. Hijo de Odín y el más fuerte de todos los dioses. Tenía un martillo mágico que daba siempre en el blanco y luego volvía a su mano. Al lanzarlo, salían los relámpagos. También poseía un cinturón que aumentaba su fuerza y un guante de hierro. Luchaba contra todo tipo de gigantes.

Sleipnir: caballo de ocho patas de Odín. Era el animal más veloz por el aire, la tierra y el agua. Sus patas representaban los ocho puntos cardinales de la rosa de los vientos.

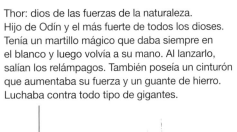

La muerte de Baldr

Baldr era el hijo favorito de Odín, dios de la luz y la verdad. Su madre, Frigg, hizo jurar a todos los seres con la excepción de un brote de muérdago que no le harían daño. Como nada lo hería, los dioses se divertían lanzándole cosas. Hasta que un día, Loki fue en busca de muérdago y se lo dio a Hodur, el hermano ciego de Baldr, quien se lo lanzó y, sin querer, lo mató.

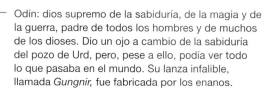

Odín: dios supremo de la sabiduría, de la magia y de la guerra, padre de todos los hombres y de muchos de los dioses. Dio un ojo a cambio de la sabiduría del pozo de Urd, pero, pese a ello, podía ver todo lo que pasaba en el mundo. Su lanza infalible, llamada *Gungnir,* fue fabricada por los enanos.

Freya: diosa del amor, la fertilidad y las batallas. Era la más bella y conocía el arte de la magia negra. Tenía una manta de plumas con la que se transformaba en un halcón. Montaba en un carro llevado por dos gatos. Lloraba lágrimas de oro.

Freyr: hermano de Freya, dios del Sol, la paz y la fertilidad. Tenía un barco maravilloso, llamado *Skindbladnir.* Iba acompañado de un jabalí de cerdas de oro, que representaba al Sol.

Loki: la encarnación del mal

Loki vivía en Asgardr pero era un gigante de escarcha. Era el dios del fuego, pero también del engaño, la mentira y el caos; conjuraba contra todos los dioses. Podía transformarse en cualquier animal o persona. Tuvo tres hijos monstruos: Fenrir, el lobo gigante; Jormungandr, la gran serpiente del caos, y Hel, la reina del Infierno. Juntos destruirían el universo. Como castigo por la muerte de Baldr, Loki fue atado a unas rocas para que el veneno de una serpiente destilara sobre su cabeza. En venganza, encabezó la batalla de Ragnarok.

El guardián del arco iris

Heimdallr era el guardián del puente del arco iris, que unía el reino de los dioses con el de los hombres. Poseía una visión y un oído extraordinarios. Con su cuerno anuncia el comienzo del fin del mundo.

¿**Cómo** era el Valhalla, paraíso de los vikingos?

E l Valhalla era el cielo de los valientes: un palacio de Odín al que iban los guerreros vikingos muertos en la batalla. Allí podían luchar sin consecuencias porque ya nada les ocurría. Y si sufrían algún daño, las valkirias lo reparaban por la noche. En el Valhalla se reunían con Odín en grandes festines con mucha comida y bebida. De este modo los guerreros heroicos se entrenaban para acompañar a Odín en la batalla final: el día de Ragnarok.

Las valkirias reanimaban a los guerreros recién llegados con el hidromiel sagrado. El elixir convertía a los guerreros muertos en *einherjar,* combatientes de élite.

¿Quiénes eran las valkirias?

Las valkirias eran las vírgenes guerreras a las órdenes de Odín. Este las enviaba a Midgardr a buscar a los guerreros heroicos muertos en batalla.
Se decía que sus armaduras producían resplandores llamados «luces del norte» (la aurora boreal). Si un guerrero los veía, sabía que su fin estaba próximo, pero también que había sido elegido para habitar en Valhalla. Las valkirias cargaban los muertos sobre sus monturas y los llevaban al palacio cabalgando a través del arco iris.

Hidromiel

Es una bebida alcohólica que se produce con la fermentación de la miel. Sin embargo, los nórdicos decían que era la leche de Heidrun, la cabra maravillosa que trepaba por los techos del Valhalla para comer de las hojas del gran árbol de la vida.

Durante el día, los guerreros combatían entre ellos en una lucha verdadera en la que había muertos. Al llegar la noche, las valkirias preparaban el banquete que presidía Odín.

En Valhalla, los guerreros se entrenaban para luchar al lado de Odín en Ragnarok, la gran batalla del fin de los tiempos, y así defender a sus dioses del ataque de los gigantes de escarcha.

Construido por Odín en Asgardr, el Valhalla era un palacio gigante, con 540 puertas enormes por las que pasaban 800 hombres hombro con hombro. Su gran tamaño permitía que los guerreros salieran a luchar rápidamente, cuando se escuchara el cuerno que anuncia el Ragnarok.

Los muros del Valhalla estaban construidos a base de lanzas, los tejados los formaban escudos y los bancos estaban recubiertos de armaduras.

Odín, protector de los guerreros, cuidaba de ellos desde su trono, mientras vigilaba el resto del universo.

¿**Qué** iba a suceder
en la batalla de Ragnarok?

En las sociedades guerreras vikingas, morir en la batalla era un destino admirable. Por eso, a diferencia de los dioses griegos y romanos, los vikingos no eran eternos y sabían que, en el final de los tiempos, iban a ser vencidos. Con Odín a la cabeza, los dioses de Asgardr y los guerreros del Valhalla iban a enfrentarse hasta la muerte contra las fuerzas del mal. La batalla de Ragnarok era el comienzo del fin del mundo; allí dioses y hombres iban a encontrar su destino guerreando.

El dios Freyr luchará contra Surtr, el gigante de Muspellsheimr, pero morirá por no tener su espada de la victoria (que sabía moverse y luchar sola por los aires), a la que había cambiado por el amor de la giganta Gerdr.

La batalla comienza cuando Odín se dirige a enfrentarse a Fenrir, el lobo infernal, y ambos inician un furioso combate. En un momento crucial, Fenrir se traga a Odín entero.

Thor pelea a muerte contra la serpiente de Midgardr. Logra vencerla, pero en el último momento, el monstruo le clava un colmillo, inyectándole su veneno. Thor logra dar nueve pasos y muere.

Para vengar a su padre Odín, Vidarr desgarra las fauces del lobo con su lanza y lo asfixia al ponerle su pie en la garganta.

Señales del Ragnarok

Los vikingos creían que antes del Ragnarok, un invierno de tres años azotaría a la humanidad. Las cadenas que ataban al lobo Fenrir se romperían y la gran serpiente de Midgardr inundaría el mundo. Las huestes de Muspellsheimr, la tierra de las llamas, liderados por Surtr y su espada de fuego, iban a llegar rompiendo el puente del arco iris con los cascos de sus caballos.

El ejército de los einherjar cabalgará hasta el campo de batalla, guiado por Odín. Está compuesto por 432 000 hombres, 800 por cada una de las 540 puertas del palacio de Valhalla, y se enfrentará, hombre a hombre, con el ejército de las tinieblas.

Las manzanas de la juventud

Para mantenerse con vida y llegar a luchar en Ragnarok, los dioses debían comer las manzanas de la juventud. Estas manzanas de oro, que eran custodiadas por Idunn, la diosa de la juventud y la primavera, tenían el poder de mantener eternamente jóvenes e invencibles a quienes las comieran.

En la batalla, Heimdallr, el guardián del arco iris, se enfrentará con Loki cuerpo a cuerpo hasta que ambos mueran.

El día después

Los nórdicos creían que después de la batalla la tierra iba a perder su forma, y que la raza humana moriría. Sin embargo, de los restos del mundo iba a surgir otro nuevo. A la cabeza de los dioses estarían aquellos que no hayan cometido falsedades ni crímenes: Baldr resucitaría primero, también volverían otros hijos de Odín, como Vidarr y Vali, y los hijos de Vili y Ve.

¿**Cuáles** son los principales dioses **celtas**?

El auge de la cultura celta se produjo en el centro de Europa, seis siglos antes de nuestra era. Como era un pueblo nómada, ocupó las tierras de Francia, cruzó el canal de la Mancha, hacia Inglaterra e Irlanda, y más tarde entró en España. Con cada avance, asimilaban la lengua y las creencias de los pueblos conquistados, y sus mitos se fueron perdiendo. Sin embargo, aún persisten divinidades comunes a todos. Los mitos más conocidos son irlandeses y cuentan la historia del pueblo de los Tuatha De Danann.

Morrigan: el nombre de esta diosa, que solía transformarse en cuervo, significa «gran reina fantasma». Es la gran bruja, diosa de la guerra que anima a los hombres en la batalla, pero también de la fertilidad y de la muerte.

Balor: gigante que tenía un tercer ojo enorme, que asesinaba con la mirada. Su nieto, Lugh, lo mató lanzándole una pedrada terrible que hizo que el ojo de su frente le saliera por la nuca. Su mirada cayó sobre sus propias tropas, que estaban a su espalda, y las aniquiló.

Los mitos celtas irlandeses perduraron en el tiempo porque Irlanda quedó aislada del poderío romano. Hacia el año 432 d. C., san Patricio fue enviado por el papa Celestino I a evangelizar Irlanda y la religión celta se asimiló al catolicismo.

El dios con cuernos de ciervo

Cernunnus es un dios común a la mayoría de los pueblos celtas. Representa la fecundidad, la vida salvaje y es el protector de los animales. Se lo honraba todos los 31 de octubre, durante la fiesta de Samhain (conocida actualmente como Halloween), fecha en que se celebra el fin del año agrícola y la llegada del invierno.

El patriarca de los dioses

El dios supremo del panteón celta es Daghda, cuyo nombre significa «el dios bueno». Era un druida todopoderoso, pero su aspecto era simple y tosco. Poseía un caldero de la abundancia que nunca se vaciaba. Llevaba una maza que, cuando la golpeaba de un lado, revivía a los muertos, y cuando lo hacía del otro, mataba a sus enemigos.

Los Tuatha De Danann, o «pueblo de la diosa Dannu», llegaron a Irlanda navegando por el aire. Allí se enfrentaron con los gigantes Fomorians, que habitaban las islas cercanas, liderados por Balor. Los Tuatha representan la cultura, la monarquía, la artesanía y la guerra. Los Fomorians son símbolo del caos y la naturaleza salvaje.

Nuadu: rey de los Tuatha, dios de los fenómenos atmosféricos. Como perdió su brazo en una batalla, tuvo que abdicar en favor de Bress, quien resultó ser un tirano. Su hermano Dian Cecht, el dios de la curación, le hizo un brazo de plata y pudo volver al trono.

Manannan Mac Lyr: dios del mar y de los acantilados, protector de navegantes, comerciantes y mercaderes. Su palacio de madreperlas estaba rodeado por un bosque donde vivían los jabalíes mágicos que curaban y alimentaban a dioses y guerreros haciéndolos inmortales.

Brighid: hija de Daghda, es la gran diosa madre de todo el panteón celta. Representa a Dannu, madre de todos los Tuatha De Danann. Diosa de la fertilidad y la creatividad. Su símbolo es el fuego y protege al ganado. La serpiente simboliza su arte adivinatorio.

Lugh: dios supremo de los celtas. Considerado el dios de la luz, sus atributos son, entre otros, un barco que obedecía al pensamiento de quien navegaba en él; el caballo Aonbarr, que cabalgaba sobre la tierra y el mar, y su famosa lanza Gae-Bolg, que tenía el valor mágico de ser invencible.

¿**Quién** fue el rey Arturo?

Desde la Edad Media hasta la actualidad, la figura del rey Arturo ha protagonizado innumerables leyendas, novelas y películas. Pero ¿existió realmente este personaje que, tanto en el Reino Unido como en Francia, representa al monarca ideal, a la vez pacificador y guerrero? Arturo fue probablemente un caudillo guerrero que vivió hacia el año 500. A partir de entonces, sus proezas poblaron los relatos y adquirió todas las características de una divinidad de acuerdo con la mitología celta.

Merlín poseía poderes mágicos y enseñaba el arte de la guerra. Era capaz de hablar con los animales, de cambiar de forma, de hacerse invisible y también de controlar el clima y los elementos.

Aunque el episodio más conocido de la leyenda del rey Arturo es la de la espada en la piedra, sus proezas guerreras las realizó después de que la Dama del Lago le entregara otra espada maravillosa: Excálibur. La primera espada le sirvió para ser reconocido como hijo de Uther Pendragon y nombrado rey. La segunda, para ganar todas las batallas.

La espada en la piedra

El rey de Bretaña, Uther Pendragon, se enamoró de la mujer de su enemigo y, con un hechizo de Merlín, se hizo pasar por su esposo.
De esa unión nació Arturo, quien fue entregado en adopción. Al morir Uther, el reinó cayó en la anarquía. Pero un día, en el cementerio, apareció una espada clavada en una roca con una leyenda: «Quien pueda extraerme de esta piedra, será rey de toda Bretaña por derecho de nacimiento». Todos los nobles del reino intentaron sacarla sin resultado. Arturo, que apenas tenía 16 años, la liberó sin ningún esfuerzo. Tras esto, fue proclamado rey.

Los caballeros de la Mesa Redonda

Arturo unificó los reinos de Bretaña. Tenía su castillo en Camelot, un reino en el que regían la igualdad, la justicia y la paz. Allí, en torno a una gran Mesa Redonda, se reunía con sus caballeros para tomar las decisiones que afectaban a todo el reino. Por eso se dice que el rey Arturo fue «el primero entre iguales». Los caballeros de la Orden realizaban un juramento de fidelidad al reino de Camelot. Ninguno de ellos podía cometer actos ilegales, deshonestos o criminales.

Excálibur es el nombre de la espada con la que Arturo obtuvo todos sus triunfos. Significa «duro rayo» o «duro fulgor». Tenía una funda que impedía que su poseedor derramara su sangre.

Merlín se enamoró de la Dama del Lago y le enseñó sus poderes mágicos. Aprovechando su influencia amorosa, la Dama lo encerró en una cueva por toda la eternidad.

La Dama del Lago es un hada que aparece nombrada de diferentes maneras: Vivianne, Nimue o Coviane, nombres que provienen de Covertina, diosa celta de las aguas.

¿**Qué** son los elementales?

Todos los pueblos antiguos, desde los chinos hasta los celtas, pasando por los sumerios, los griegos y los americanos, creían que las fuerzas de la naturaleza tenían alma y estaban vivas. Por eso, en todas estas mitologías, aunque con nombres diferentes, se habla de la existencia de pequeños seres relacionados con los elementos naturales. Se creía que los de la tierra eran elfos, gnomos y enanos, entre otros; los de las aguas eran ondinas y sirenas; los del aire, hadas y silfos, y los del fuego, salamandras y dragones.

Los elementales son espíritus juguetones y animados que no distinguen el bien del mal. Tienen poderes mágicos. Se los considera guardianes de los bosques y benefactores de las personas que cuidan la naturaleza.

Dríadas: viven en los árboles y son protectoras de los bosques. Cada árbol tiene su especie de dríada.

Sílfides: habitan en las nubes, montañas o copas de los árboles. Saben levitar, volar y moverse libremente. Controlan los vientos y las corrientes de aire.

Ondinas: seres de gran belleza que habitan en los ríos. No tienen cola de pez ni escamas. Guían las corrientes hasta su salida al mar.

Elfos: son elementales de la tierra con aspecto humano, pero sus orejas son puntiagudas, y sus ojos, grandes y sin pupilas. Se cree que pueden hablar con los animales y que tienen poderes mágicos.

Los dewas

En la India, los dewas eran considerados seres que habitaban en un plano superior al de los humanos y que gozaban de los placeres en recompensa por sus buenas acciones anteriores. Gobernaban los objetos naturales, como árboles, ríos, montañas, plantas o minerales.

Trolls: tienen una piel verde, azulada o gris, y cabellos de lianas y hojas. Mueven troncos, rompen ramas y asustan a los imprudentes.

Elementales en la mitología nórdica

Cuando Odín y sus hermanos mataron al gigante Ymir, vieron que estaba lleno de gusanos. A los buenos, los transformaron en hadas y elfos. A los que no distinguían el bien del mal, los convirtieron en enanos y fueron condenados a vivir bajo tierra, a trabajar en las minas y en la fragua, donde crearon fabulosas armas mágicas.

Elementales en América: los anchimalén

Se cree que son duendes de fuego, con caras pálidas y ojos grandes. Suelen convertirse en pequeñas llamas que surcan los campos de la Patagonia. También pueden transformarse en aves negras. Se cree que son transmisores de malos augurios. Se los ahuyenta con ruidos de llaves, espuelas o cualquier otro objeto metálico.

Salamandras: habitan en el chisporroteo del fuego, saltan y juguetean con las llamas. Durante las tormentas tratan de orientar los rayos para que no dañen la naturaleza.

¿**Cómo** fue cambiando el aspecto de las sirenas?

Las sirenas aparecen en numerosas mitologías y en todas son divinidades marinas con una voz hermosa capaz de encantar a los marineros. Algunos navegantes, incluso, hipnotizados por sus voces, dejaban que sus barcos se estrellaran contra las rocas. Pero no siempre tuvieron la misma forma con que las conocemos hoy. En Grecia fueron mujeres con cuerpo de ave, y no fue hasta la Edad Media cuando se las empezó a representar con cola de pez.

Las sirenas en la Grecia antigua

Las sirenas eran hijas del dios del río Aqueloo y de una de las musas. Tenían torso de mujer y cuerpo en forma de pájaro. Consiguieron sus alas para salvar a su amiga Perséfone, quien fue raptada por Hades y llevada al Infierno; pero no pudieron rescatarla.

Ulises y las sirenas

En la *Odisea* se cuenta que Ulises, aconsejado por la hechicera Circe, antes de pasar por la isla de las sirenas hizo que sus marineros se taparan los oídos con cera y les pidió que a él lo ataran al mástil de la embarcación. Así pudo escuchar sus hermosas canciones sin arrojarse al mar.

Bajo la influencia de la mitología celta se las representa como mujeres de una gran hermosura, que peinan sus largos cabellos y viven en castillos de coral en el fondo del mar.

Las nereidas

Las nereidas eran las 50 hijas del dios marino Nereo. Divinidades marinas de gran belleza, vivían en las profundidades del mar, en el palacio de su padre. Sin embargo, solían emerger a la superficie para ayudar a los marineros. Aparecían montadas en delfines y otros animales marinos.

No pueden hablar. En cambio, emiten hermosos sonidos que hechizan a los seres humanos.

El conde Raymond y Melusina

En Francia, durante la Edad Media, se contaba que el conde Raymond estaba casado con la sirena Melusina. Por contrato matrimonial, Raymond no podía verla los sábados, pero impulsado por rumores, un sábado la espió cuando se bañaba. Al verse descubierta, huyó. Su esposo jamás la volvió a ver, a pesar de que la sirena volvía cada noche para dar de mamar a sus hijos.

La sirena mujer-pez aparece documentada por primera vez en el siglo VI, en el *Libro de los monstruos de diversos géneros*. Desde entonces se las muestra como criaturas mitad mujer, mitad pez, con la parte inferior recubierta de escamas.

¿Y *La sirenita*?

El escritor danés Hans Christian Andersen (1805-1875) pasó muchos años de su vida recopilando relatos folclóricos basados en leyendas celtas y vikingas, y escribió numerosos cuentos para niños inspirados en estos relatos, entre los que se encuentra *La sirenita*. Este cuento se hizo tan famoso que se conocen muchas versiones de él.

¿**Qué** tipos de hadas hay?

Alrededor del mundo, con nombres y características diferentes, se describen hadas de todo tipo que realizan numerosas tareas: algunas ayudan a las plantas a crecer, otras conducen las aguas, unas mueven el aire y otras avivan el fuego. Hay hadas de pieles pálidas, verdes o azuladas; de ojos claros u oscuros, rasgados o almendrados; con o sin alas; vestidas de flores, hojarasca, muselinas o gasas.

Fylgia: hada del aire que se revela justo antes de la muerte para guiar a las personas como un ángel protector hacia la eternidad. Protege a los niños de sufrimientos y pesadillas.

Dedos de luz: poseen una luz en los dedos que se enciende cuando encuentran algún objeto brillante que les gusta.

Dama Blanca: espíritu asociado con el poder sanador de las fuentes y los manantiales. Es la reina de las hadas.

Hadas del musgo: son pequeñas y poseen grandes alas de mariposa.

Dama verde: es un hada de la tierra, posee una gran belleza y su vestido y piel tienen un color verdoso. Para ocultarse, se confunde con la hiedra de los muros de los castillos en ruinas.

Las xanas

Son las hadas asturianas. Tienen aspecto humano, una gran belleza y voz preciosa. Viven cerca de ríos y fuentes y se dedican a hilar y a peinar sus largos cabellos dorados. Protegen los tesoros que hay en las profundidades de las aguas y solo pueden ser vistas al amanecer.

Hadas madrina

Otorgan gracias y dones especiales a los bebés, protegiéndolos durante toda su vida. Conocidas por los cuentos, forman parte del folclore de muchos países. Sus orígenes pueden estar en las moiras griegas, o en las parcas romanas, las tres ancianas que tejen el destino de los seres humanos. En Albania se las conoce como fatat y aparecen tres días después del nacimiento del niño para traerle regalos de los espíritus mágicos.

Hadas en China

Una de las más conocidas leyendas chinas es la del pastor que se casó con el hada tejedora. Su madre, la Soberana del Cielo, la raptó y dejó al hombre con sus dos hijos solos en la tierra. El joven quiso llegar al cielo, pero la reina lo cortó con una hebilla, creando la Vía Láctea. Desde entonces, el pastor y la tejedora solo se ven el 7 de julio, cuando miles de urracas vuelan tendiendo un puente para unir a la familia. Actualmente, en esa fecha se celebra el día de los enamorados en China.

Pillywiggins: pequeñas criaturas aladas que cuidan las flores. Son tan diminutas que suelen montar sobre abejas para ir de flor en flor. Se las conoce también como «hadas de las flores».

Hadas de agua: viven en estanques. Como no tienen alas, se encierran en burbujas para poder volar. Son seres nocturnos que bailan bajo el reflejo de la Luna. Cuidan de las plantas que florecen de noche.

Nixies: bellas hadas de los ríos con cuerpos casi translúcidos. Según algunas leyendas, engañan a los humanos para que entren en el agua y se ahoguen.

Banshee: hada anciana con el gesto arrugado y feo que anuncia la muerte y es originaria de Irlanda y Escocia. Las personas que tienen un familiar a punto de morir pueden escuchar su lamento.

¿**Cuáles** son los
duendes domésticos?

De acuerdo con la tradición, los duendes son seres elementales de la tierra, que habitan en los bosques, en las raíces de los árboles, en las flores y bajo tierra. Sin embargo, como a muchos de ellos les gusta vivir en las casas junto a las personas, se los conoce como duendes domésticos. Las leyendas cuentan que cuando eligen una familia, suelen ser serviciales y acercarles su fortuna, pero en ocasiones hacen muchas travesuras y pueden resultar peligrosos.

Brownie: puede ser muy servicial y amable si la familia que vive en la casa le ofrece leche con nata y miel. Limpia los pisos, lava los platos o saca el hollín de la chimenea.

Duendes alemanes: los kobold

Habitan en los túneles de las minas de metales preciosos. Se cuenta que suelen molestar a los mineros, haciendo que se pierdan, apagándoles la luz, cubriendo las vetas de oro o robándoles las piedras preciosas ya extraídas.

Duendes asturianos: los trasgos

Son duendes de pequeña estatura y con la piel oscura, que visten ropas rojas y un gorro del mismo color. Por la noche entran en las casas y realizan labores domésticas, aunque también les gusta hacer travesuras como cambiar las cosas de lugar.

La palabra «duende» hace referencia a la convivencia de estos seres fantásticos con la gente. Se piensa que deriva del árabe *duar:* «el habitante», o bien que proviene de un vocablo celta, *deñeet,* que significa «familiar o doméstico».

Duendes mayas: los aluxes

Son duendes de baja estatura, muy niños, que tiran piedras, hacen maldades y roban el fuego. Los mayas creían que si les ofrecían comida y cigarros, alejarían los malos vientos y las plagas. Pero que si los trataban mal, en los campos no iba a crecer nada, pues robarían las semillas o bailarían sobre las plantas que comenzaran a brotar.

Duendes japoneses: los nurarihyon

Por las noches, cuando todo el mundo está durmiendo, el nurarihyon entra en las casas, fuma el tabaco y bebe el té. Como este ser sobrenatural posee una educación refinada, no es muy dañino para los seres humanos.

Gnomo: se los considera los más viejos y sabios. Han sido desde siempre los guardianes de la naturaleza.

Pixie: se dice que suele transformarse en planta para pasar inadvertido. A cambio de pan y agua, a veces trabaja en los campos y ayuda a las ancianas a hilar.

Leprechaun: es un duende zapatero que confecciona zapatillas para las hadas. Es el más conocido de los duendes irlandeses y esconde un caldero lleno de monedas de oro al final del arco iris.

Goblin: se aloja en altillos, detrás de los espejos o en las habitaciones de los bebés. Es un duende bromista que roba objetos o los cambia de lugar.

¿**Cómo** son los dragones
en las distintas mitologías?

Los dragones aparecen en las distintas mitologías como grandes seres parecidos a reptiles, con poderes mágicos. Tienen distintas formas: los hay con alas o sin ellas, con o sin garras, y hasta con cientos de cabezas. No todos escupen fuego, muchos lanzan agua o poderosos venenos. En Oriente son seres buenos, dioses que rigen la lluvia y cuidan de las cosechas. En Europa, en cambio, suelen representar el mal, aunque también son buenos guardianes de tesoros y ponen a prueba el valor de los héroes.

En la mitología nórdica, Fafnir era el dragón que guardaba el oro del Rin y el anillo de los nibelungos. Sigfrido lo mató y su sangre lo convirtió en inmortal.

Siendo niño, el mago Merlín predijo que el dragón rojo de Uther, el padre de Arturo, iba a derrotar al dragón blanco del rey Vortigern, y así ocurrió. Desde entonces, el dragón rojo fue el símbolo de los reyes celtas y adornó sus estandartes de guerra.

La palabra *drakos,* en griego, designa a las grandes serpientes, algunas de ellas con muchas cabezas. Hércules mató a la hidra y se enfrentó con Ladón, el dragón de 100 cabezas que cuidaba las manzanas de las Hespérides. Otro héroe griego, Cadmos, mató de una pedrada al dragón Ismenio. Plantó sus colmillos en la tierra y de estos surgió el ejército espartano.

Dragones europeos y orientales

En Europa se conocen diferentes especies de dragones, entre ellos el *draco,* una criatura de cuatro patas, piel con escamas, con larga cola puntiaguda y alas de murciélago, que tiene aliento venenoso y escupe fuego.
En Oriente, los dragones eran criaturas benévolas. Regaban los arrozales y creaban las nubes con su aliento. No tenían alas pero volaban y podían cambiar de forma, emitir luz en la oscuridad o tornarse invisibles; incluso, convertirse en humanos. Sus colores predecían el futuro: negro para la destrucción, amarillo para la muerte y azul para el nacimiento de un personaje importante.

¿Qué es el cuélebre?

En las cuevas de Asturias, se cree que habita el cuélebre, un ser fantástico con cuerpo de serpiente, alas de murciélago y escamas impenetrables. Insaciable y difícil de matar, solo es vulnerable en la garganta. Para vencerlo, hay que darle de comer pan relleno de alfileres o una piedra al rojo vivo. Como no muere de viejo y crece constantemente, se interna en el mar para cuidar sus tesoros. Pierde su poder en la fiesta de San Juan, momento en el que se pueden tomar los tesoros que custodia.

Dragones aztecas

Entre los aztecas, se adoraban numerosos dragones, entre ellos, Xiuhcóatl o la serpiente de fuego. La Piedra del Sol está rodeada por dos serpientes Xiuhcóatl. También Quetzalcóatl, su principal divinidad, tomaba la forma de una serpiente emplumada. Sus altorrelieves adornan la ciudad de Teotihuacan.

Los mushussu pertenecen a la mitología sumeria y tienen más de 4000 años. Ningishzida era una serpiente con cuernos y garras de león, que concedía la inmortalidad.

En China, Shen-Lung es el dragón del cielo, señor de las tormentas. Tenía la facultad de provocar la lluvia. Representaba la sabiduría y el poder, por lo que terminó siendo el símbolo del emperador.

O-Goncho es un dragón japonés blanco que vivía en las profundidades del lago Ukisima, cerca de Kioto. Cada 50 años se transformaba en un ave de oro. Su canto anunciaba hambre y enfermedades para el año siguiente.

En la mitología hindú, Indra, el dios del cielo, mató a Vrtra, el dragón que bebía toda el agua del planeta. A partir de entonces, el agua volvió a la Tierra: se liberaron las lluvias y las fuentes volvieron a llenarse.

¿**Cuáles** son los principales dioses hindúes?

Para los hindúes, Brahma es el ser supremo que origina a todos los demás y es la primera divinidad de la tríada hindú que también forman Vishnu y Shiva. Estos tres dioses o *Trimurti* son los encargados de construir, mantener y destruir el cosmos, para que se cumpla el ciclo de la vida.

Vishnu es el encargado de cuidar y proteger el universo creado por Brahma. Se presenta en la tierra adoptando la forma de animales y hombres en sucesivas reencarnaciones. Rama y Krishna son las más conocidas. Representa el orden cósmico.

Brahma es el hacedor principal de la creación, ya que participa de cada nueva reconstrucción del universo. Representa la reencarnación y la bondad en cada ciclo del universo. Sus cuatro cabezas miran hacia los cuatro puntos cardinales de su creación.

Sarasvati
Es esposa de Brahma. Diosa de la sabiduría y de todas las artes y patrona de la elocuencia, las ciencias, la plástica, la escritura (se le atribuye la invención del sánscrito), la poesía y la música.

Parvati
Esposa de Shiva, es la diosa de la naturaleza y las montañas. Esposa perfecta, aguanta todos los defectos de su esposo.

¿Quién es Krishna?

Krishna es una de las reencarnaciones del dios Vishnu. Su tío, el rey Kamsa, mató a seis hijos de sus hermanos, porque le habían predicho que moriría a manos de un sobrino. Para evitar su muerte, cuando Krishna nació los dioses lo cambiaron por otro bebé y lo ocultaron en una región alejada donde pasó su niñez en medio de pastores. Cuando cumplió 16 años de edad, en una contienda dio muerte a todos los gladiadores y luego mató al rey.

Shiva representa la fuerza aniquiladora del universo. Al igual que Brahma, no se manifiesta en ningún ser viviente. Se identifica con varios animales: el toro sobre el que monta y la cobra con la que destruye. Tiene una guirnalda de serpientes o de calaveras y de su pelo fluye el río Ganges.

Los hijos de Shiva y Parvati

Shiva y Parvati tienen dos hijos, Ganesha, con cabeza de elefante, y Kartikkeya o Skanda, que tiene seis cabezas.

Ganesha

Según cuenta una leyenda, Parvati tuvo a Ganesha cuando Shiva estaba en la guerra. Un día le pidió a Ganesha que vigilara mientras ella se bañaba. En ese momento, Shiva volvió. Como no se conocían, el niño le prohibió el paso y Shiva, enfurecido, lo decapitó. Ante el llanto desconsolado de Parvati, Shiva prometió darle a su hijo la cabeza del primer ser que encontrara en la tierra, y resultó ser un elefante. Es el dios que ayuda a superar los obstáculos.

Kartikkeya

Kartikkeya tiene seis cabezas que corresponden a los cinco sentidos y a la mente. Es el dios que conduce el ejército de los dioses. También tiene doce ojos y doce brazos armados. Viaja montado en un pavo real.

¿**Qué** representa la serpiente en la mitología hindú?

La figura de la serpiente puebla muchas mitologías alrededor del mundo. En algunas religiones ha sido portadora del mal. Pero no en todas las culturas tiene un carácter negativo. Por ejemplo, entre los hindúes, las *nagas* son serpientes divinas que cuidan tesoros ocultos y participan, junto con los tres dioses principales hindúes, en la destrucción y el nacimiento del mundo, facilitando la repetición de los ciclos de la vida.

Manasa Devi es la diosa de las serpientes y de la fertilidad. También se la invoca para curar enfermedades, debido a que el veneno de las serpientes puede ser usado como antídoto.

Serpientes medievales

Durante la Edad Media se escribieron *Bestiarios* que se usaban para impartir ejemplos morales y enseñanzas religiosas. Cada uno de los animales mitológicos allí retratados tenía un significado alegórico. Las serpientes, por lo general, representaban el engaño y la maldad, ya que usaban trampas para atraer a sus víctimas y luego devorarlas.

Anfisbena era una serpiente de dos cabezas, una en su lugar y otra en la cola.

Seps era una serpiente con orejas de conejo. Su veneno era tan poderoso que transformaba en líquido la carne y los huesos de sus víctimas.

Cerastes era una serpiente con cuernos de carnero. Para atraer a sus víctimas, se escondía en la arena y dejaba sus cuernos como cebo para otros animales.

Como las serpientes cambian su piel todos los años, para los hindúes representan la renovación, la capacidad de renacer y el secreto de la vida eterna.

Naga colabora con Shiva en la destrucción del mundo, provocando las lluvias torrenciales que lo anegan. Esto ayuda a que finalice el ciclo de la vida y para que Brahma pueda recomenzar a construir el mundo.

Ananta representa el agua. Es una enorme serpiente de mil cabezas sobre la que reposa Vishnu. Cuando el ciclo del mundo termina, Ananta escupe fuego para ayudar a Shiva a destruir el mundo.

¿**Cómo** era el universo maya?

Para los mayas, el universo estaba dividido en tres partes: el cielo, la tierra y el inframundo. El mundo terrenal estaba apoyado sobre la espalda de un gran caimán, que flotaba en una laguna. La Tierra se elevaba en forma de una pirámide de siete niveles, donde se localizaban los distintos estamentos sociales. El cielo, dividido en trece capas, colgaba de una serpiente de dos cabezas que salía por este y se ocultaba en el oeste. Y el inframundo tenía la forma de una pirámide invertida formada por nueve niveles.

Popol Vuh y la creación

Popol Vuh es uno de los libros sagrados de los mayas y está formado por un conjunto de leyendas que narran la creación del mundo y de los seres humanos. Allí se cuenta que los dioses mayas, antes de crear al hombre actual, realizaron varios intentos fallidos.

Los dioses crearon primero a los animales, pero como estos no tenían voz, no pudieron adorarlos y fueron condenados a ser alimento de los seres humanos.

Decidieron hacer, entonces, un ser de barro, pero este no tenía solidez ni podía moverse. Podía hablar, pero no tenía inteligencia. Pronto se humedeció y se deshizo.

Luego los hicieron de madera. Estos seres no tenían corazón ni recuerdo de sus dioses. Entonces se produjo una gran inundación que los destruyó.

A continuación crearon seres de paja, pero estos tampoco se comunicaron con sus dioses. Entonces, treparon a los árboles, y dieron origen a los monos.

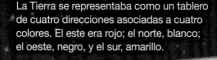

La Tierra se representaba como un tablero de cuatro direcciones asociadas a cuatro colores. El este era rojo; el norte, blanco; el oeste, negro, y el sur, amarillo.

El Xibalbá, o País de los Muertos, era un reflejo del mundo terrenal. Allí vivían los muertos comunes y los Señores de la Noche y era además la fuente de la vida y del maíz.

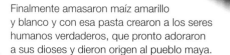

Finalmente amasaron maíz amarillo y blanco y con esa pasta crearon a los seres humanos verdaderos, que pronto adoraron a sus dioses y dieron origen al pueblo maya.

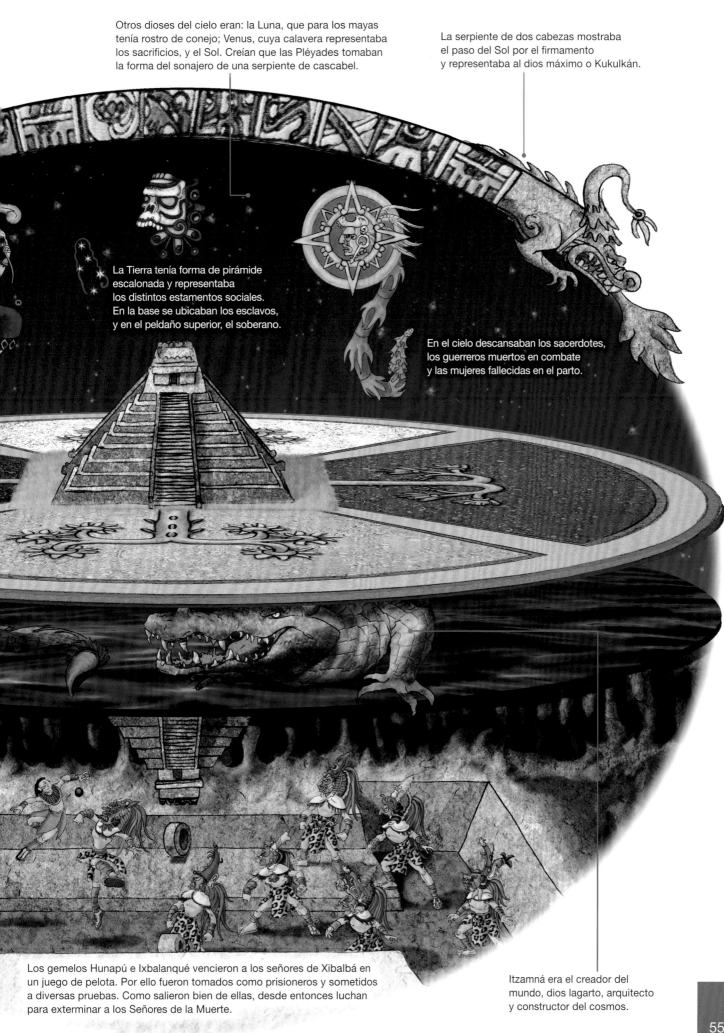

Otros dioses del cielo eran: la Luna, que para los mayas tenía rostro de conejo; Venus, cuya calavera representaba los sacrificios, y el Sol. Creían que las Pléyades tomaban la forma del sonajero de una serpiente de cascabel.

La serpiente de dos cabezas mostraba el paso del Sol por el firmamento y representaba al dios máximo o Kukulkán.

La Tierra tenía forma de pirámide escalonada y representaba los distintos estamentos sociales. En la base se ubicaban los esclavos, y en el peldaño superior, el soberano.

En el cielo descansaban los sacerdotes, los guerreros muertos en combate y las mujeres fallecidas en el parto.

Los gemelos Hunapú e Ixbalanqué vencieron a los señores de Xibalbá en un juego de pelota. Por ello fueron tomados como prisioneros y sometidos a diversas pruebas. Como salieron bien de ellas, desde entonces luchan para exterminar a los Señores de la Muerte.

Itzamná era el creador del mundo, dios lagarto, arquitecto y constructor del cosmos.

¿**Cómo** crearon el mundo los dioses **aztecas**?

Cuenta la cosmogonía azteca o *nahua* que, en un principio, no había nada más que un dios eterno: Ometeotl. Este creó a una pareja de dioses para que poblaran el universo: Tonacatecuhtli, el «señor de la Vida», y Tonacacihuatl, la «señora de la Vida». Ambos fueron símbolos de fertilidad, y se los adoró con ofrendas de mazorcas de maíz. Tuvieron cuatro hijos: Xipe Totec, Tezcatlipoca, Quetzalcóatl y Huitzilopochtli, que son los creadores de los sucesivos mundos y de todos sus seres.

Xipe Totec: se le conoce como «el desollado» porque ofrendó su piel, que representa las cáscaras de maíz, para que los humanos tuvieran alimento. Era el dios de la agricultura, la fertilidad y la primavera, y el creador del primer sol.

Tezcatlipoca: su nombre significa «espejo humeante». Dios de los hechiceros, era el gemelo y, a la vez, el opuesto de Quetzalcóatl.

El calendario solar

La Piedra del Sol es el calendario solar azteca, que simboliza el año agrícola y las estaciones. Está dividido en 18 meses de 20 días, más 5 días funestos, con lo que suma 365 días. La representación del calendario que muestra la imagen pesa 25 toneladas y mide 3,58 m (11.7 ft) de diámetro. Se conserva en el Museo Nacional de Antropología de México.

El dios del agricultor

Para los agricultores, la divinidad más importante era Tláloc, el dios de la lluvia, el relámpago y el trueno. Su nombre proviene de Tlalli, «tierra», y Octli, «vino», y significa: «el vino que bebe la tierra». Gracias a él brotaban los cultivos.Tláloc era representado con una corona de plumas y sandalias. Llevaba anteojeras formadas por dos serpientes entrelazadas y de su boca emergían colmillos de jaguar.

Los dioses crearon cuatro soles, con sus mundos y seres vivos, pero todos fueron destruidos. El primero, por un jaguar; el segundo, por un huracán; el tercero, por una lluvia de fuego, y el cuarto, por un diluvio. El quinto sol, el actual, fue creado entre todos.

Quetzalcóatl: la «serpiente emplumada» era el dios del viento, de la agricultura y del planeta Venus. Le atribuyeron el invento del calendario y el descubrimiento del cacao. Es, además, el transmisor de las artes.

Huitzilopochtli: era el dios supremo de los aztecas, señor de la guerra y reencarnación del guerrero caído en la batalla. En las ceremonias religiosas se lo representaba con un colibrí momificado que llevaban los sacerdotes.

¿**Cúales** eran los dioses de la mitología inca?

La mitología inca era animista; por eso creían que los cuerpos celestes, los animales, las plantas y los fenómenos naturales eran dioses en sí mismos. El único dios, en el sentido pleno de la palabra, era Viracocha, el creador. Otras deidades importantes eran el Sol o Inti, la Luna o Mama Quilla y la Tierra o Pachamama.

Viracocha: dios creador del universo. Surgió de las aguas y luego creó el cielo y la tierra. Considerado el Señor del Mundo, su culto estaba destinado solo a la nobleza.

Korikente: pájaro mago, conocedor de la actualidad y del futuro. Era representado como un colibrí de oro cuyas plumas servían para confeccionar la corona del emperador inca.

Pachamama: la Madre Tierra era la encargada de propiciar la fertilidad en los campos.

El universo inca
Estaba centrado en el Templo del Sol. Las líneas rojas representaban los caminos del dios Viracocha y salían del mundo en las direcciones de la constelación de la Cruz del Sur. La Vía Láctea se hundía en el inframundo y volvía cada noche, tomando la forma de los distintos animales: una serpiente, una llama con su cría, aves, sapos, pumas y zorros.

La Pachamama y la ecología
Desde hace cientos de años, el primer día del mes de agosto los pueblos descendientes de los incas tributan ofrendas a la Pachamama. Para ello, hacen un hueco en el suelo y allí vuelcan alimentos y bebidas alcohólicas, como la chicha, hecha a partir del maíz fermentado. En esa ceremonia, el pueblo renueva su compromiso de cuidar la naturaleza con la que conviven.

La ciudad perdida de Machu Picchu

Se encuentra en la región de Cuzco, en Perú. Se cree que fue a la vez templo y palacio del soberano inca, quien representaba al dios Inti en la tierra. Construida por orden del líder inca Pachacútec, consta de tres grandes áreas: una agrícola, formada por los andenes de cultivo, otra urbana, en la que se encuentran las viviendas, y la zona sagrada con plazas y mausoleos reales.

La creación para los incas

Cuando el mundo se encontraba aún en tinieblas, Viracocha creó a los seres humanos. Los talló en piedra, luego los situó en la tierra que iban a poblar y finalmente les dio vida. Después puso en su lugar a los astros, sus hijos: el Sol, la Luna y las estrellas, hasta cubrir todo el cielo. Otra leyenda cuenta que Manco Cápac y Mama Ocllo, los fundadores de la raza inca, surgieron de las aguas del lago Titicaca.

Inti: dios del Sol, era la divinidad más importante. Se le entregaban ofrendas de oro, plata y ganado, y se realizaban sacrificios humanos en su honor. En su templo, las vírgenes del Sol se dedicaban a servirlo y a venerarlo.

Mama Quilla: diosa de la Luna y madre del firmamento, protegía a las mujeres. Era hermana y esposa de Inti.

¿**Qué** simbolizan los unicornios?

Los griegos creían que el unicornio era una especie de caballo salvaje con un cuerno mágico, que tenía virtudes curativas. Durante la Edad Media las bondades del cuerno se transformaron en símbolos de pureza y redención. A partir de entonces, el color del pelaje fue siempre blanco como la luz de la luna y en sus patas brillaron cascos de plata.

El primero en mencionar al unicornio fue Ctesias, un médico griego, en el siglo v a. C. Lo describió como un animal muy parecido al caballo salvaje, con crines rojas, ojos azules y un cuerno prodigioso sobre la frente.

Los unicornios eran muy difíciles de atrapar. Solo había una manera de capturarlos: adentrarse en el bosque en compañía de una joven virgen y casta.

Atraído por la belleza de la joven, el animal apoyaría la cabeza en su regazo y se dormiría. De este modo, se podía atrapar para entregarlo como ofrenda a los monarcas o quitarle el cuerno prodigioso.

En la Edad Media, el unicornio pasó a representar la figura de Jesucristo. Su pequeño tamaño era símbolo de la humildad de Cristo.

Los unicornios tenían un cuerno macizo en forma de espiral de unos 50 cm (19 in) que les surgía del centro de la frente. Con él se decía que podían hacerse copas que detectaban y neutralizaban los venenos. También se pulverizaba para enamorar al ser amado.

El monoceronte

Un autor latino del siglo I, Plinio el Viejo, lo llamó monoceros (*mono*: «uno»; *ceros*: «cuerno») y lo describió con cabeza de cabra, cuerpo de caballo, pies de elefante, cola de jabalí y un largo cuerno negro en la frente. Aunque en los *Bestiarios* medievales se lo dibuja igual que al unicornio, como Plinio lo definió como el enemigo natural del elefante, se cree que hablaba del rinoceronte.

La caza del unicornio

Los unicornios eran considerados criaturas solitarias, salvajes e indomables. Con sus cuernos podían defenderse y atacar a la velocidad del galope. En la imagen se ve un tapiz titulado *La caza del unicornio* (Países Bajos, 1495-1505), que se conserva en el Museo Metropolitano de Arte de Nueva York, Estados Unidos.

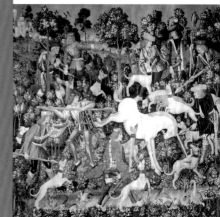

Damas y unicornios

La dama y el unicornio es el título de una serie de tapices, realizados en Flandes hacia 1510, que se encuentran en el Museo Cluny, en París, Francia. Simbolizan los sentidos de la dama (vista, oído, tacto, gusto, olfato y el sexto sentido) en relación con la pureza del unicornio.

El Abecé Visual de
LA TIERRA

El Abecé Visual de
ANIMALES SALVAJES

El Abecé Visual de
INVENTOS QUE CAMBIARON EL MUNDO 1

El Abecé Visual de
MEDIOS DE TRANSPORTE

El Abecé Visual de
EL UNIVERSO

El Abecé Visual de
EL UNIVERSO

El Abecé Visual de
LOS INVENTOS QUE CAMBIARON EL MUNDO 1

El Abecé Visual de
LA HISTORIA

El Abecé Visual de
PLANTAS Y FLORES

El Abecé Visual de
INSECTOS

El Abecé Visual de
PAÍSES, RELIGIONES Y CULTURAS DEL MUNDO

El Abecé Visual de
MITOS Y LEYENDAS UNIVERSALES

El Abecé Visual de
BOSQUES, SELVAS, MONTAÑAS Y DESIERTOS